AF463469

ÉTUDE

SUR

L'ARGOT FRANÇAIS.

ÉTUDE

SUR

L'ARGOT FRANÇAIS

PAR

MARCEL SCHWOB ET GEORGES GUIEYSSE.

(Extrait des *Mémoires de la Société de linguistique de Paris*, tome VII.)

PARIS.

IMPRIMERIE NATIONALE.

M DCCC LXXXIX.

ÉTUDE

SUR

L'ARGOT FRANÇAIS.

M. Francisque Michel, dans ses *Études philologiques sur l'argot*, avoue avoir cédé, en choisissant ce sujet de travail, à un attrait mystérieux que nous subissons tous plus ou moins pour les monstruosités. Il ne semble pas qu'il y ait lieu de s'excuser en dirigeant ses travaux vers l'argot. La science du philologue ressemble beaucoup à celle du naturaliste. Les savants qui s'occupent de tératologie n'ont nul besoin de mettre en tête de leurs ouvrages une préface apologétique. Les mots sont des phénomènes et appartiennent tous, quels qu'ils soient, au domaine de la linguistique.

Mais, outre l'intérêt général de toute étude linguistique, un intérêt particulier résulte pour la langue française des travaux entrepris sur l'argot. Nous aurons occasion, dans la suite de cet article, de signaler un grand nombre de mots que la langue générale a recueilli dans ces bas-fonds. Et il ne s'agit pas ici des argots de métier, langages techniques qui exercent une influence nécessaire par les noms d'outils ou de procédés mécaniques; l'argot que nous étudions est la langue spéciale des classes dangereuses de la société. Une nécessité impérieuse pousse ce langage à produire. Les mots de notre langue ne sont ni chassés ni traqués. Ceux de la langue verte vivent à peu près avec les représentants de la justice sociale comme les mineurs dans l'Arizona avec les Peaux Rouges Arapahoës. Or ces mineurs forment une nation jeune, vivace, qui émigre et colonise continuellement. L'argot est aussi comme une nation de mineurs qui débarquerait chez nous des cargaisons d'émigrés. Il est facile de voir que les ports d'arrivée sont tout en bas et tout en haut. Tout en bas, ce sont les ouvriers qui ramassent les mots et qui les ramènent vers le centre du langage. Les termes ainsi introduits portent souvent dans les dictionnaires la désignation *populaire*. Tout en haut, il y a une fécondation spéciale. Sprengel a découvert le premier que les fleurs mâles dans certaines plantes fécondaient les fleurs femelles par l'intermédiaire des insectes qui transportent le pollen des unes sur les autres. Ce sont les filles qui servent entre l'argot et la langue classique de papillons et d'abeilles. Émigrées des quartiers populaires vers les centres mondains, elles introduisent les termes d'argot dans le langage du *sport*. Ils y coudoient dans un cosmopolitisme tolérant les mots anglais, américains et espagnols.

On peut dire que les travaux entrepris jusqu'à présent pour étudier l'argot ont été menés sans méthode. Le procédé d'interprétation n'a guère consisté qu'à voir partout des métaphores. Victor Hugo avait admiré le mot *lancequiner* (pleuvoir) dans la forme pittoresque duquel il retrouvait les hallebardes des lansquenets. F. Michel l'a suivi sur ce terrain dangereux. D'après lui, dans *dorancher* (dorer) on a modifié la terminaison par allusion à la couleur de l'orange. *Bougie* est une canne « parce que ce n'est qu'au moyen d'une canne que les aveugles peuvent s'éclairer». *Mouchique*, mauvais, laid, est une injure datant de 1815, souvenir des paysans russes, *mujiks*.

Ce procédé nous paraît avoir méconnu le véritable sens des métaphores et de l'argot. Les métaphores sont des images destinées à donner à la pensée une représentation concrète. Ce sont des formations spontanées, écloses le plus souvent chez des populations primitives, très rapprochées de l'observation de la nature. — L'argot est justement le contraire d'une formation spontanée. C'est une langue artificielle, destinée à n'être pas comprise par une certaine classe de gens. On peut donc supposer *a priori* que les procédés de cette langue sont artificiels.

L'étude linguistique pourra précéder l'étude historique. Cette dernière sera toujours conduite dans le sens rétrograde, et en manière de contrôle. Ici, comme dans les sciences expérimentales, la méthode doit commencer par être inductive. Nous observerons donc d'abord des faits, autour de nous, dans le langage parlé. Nous essayerons d'induire des lois de nos observations; puis nous vérifierons, par la recherche de textes et de documents, les déductions particulières faites de ces lois. Nous pourrons arriver ainsi à des résultats scientifiques, sans nous borner à des interprétations fantaisistes ou à des conjectures.

I

Une des déformations du langage qui frappent le plus vivement celui qui étudie l'argot, c'est le procédé artificiel connu sous le nom de † *loucherbème* (boucher)[1]. Il porte le nom de *boucher* parce

[1] Nous ferons précéder les mots recueillis oralement par nous d'une croix (†).

qu'il est employé par la corporation des garçons bouchers concurremment avec les classes dangereuses. Ce procédé consiste à remplacer la première lettre d'un mot par *l*, à la rejeter à la fin du mot, et à la faire suivre d'un suffixe. Ici ce suffixe est *ème;* ailleurs il sera différent; et cette mobilité de suffixes est une première et précieuse indication.

Nous trouvons, en effet, les formations :

† *Lonsieurmique* (monsieur), † *loirepoque* (poire), † *lemmefuche* (femme), † *latronpatte* (patron). Elles doivent être ainsi décomposées :

† *l* *ichetonm* *ique* (micheton).
1 2 3

(1) représente la première moitié de l'élément de déformation. (2) est le mot disloqué. (3) représente la seconde moitié de l'élément de déformation. — Cette seconde moitié est le suffixe *ique*, *oque*, *uche*, *atte* ou *ème*. Elle n'est parfois que la voyelle *e* accentuée. Ainsi dans † *lingtvé* (vingt)[1]. L'ignorance de ce procédé a causé dans les travaux philologiques sur l'argot de graves erreurs. On lit à l'article *Linspré* dans l'ouvrage de F. Michel :

« *Linspré*, s. m. Prince. — Il y avait autrefois, dans la cathédrale de Paris, un enfant de chœur, le plus ancien de ses camarades, que l'on appelait vulgairement l'*inspé* ou le *spé*, non en raison de l'*espérance* qu'il avait de devenir petit chanoine, mais du mot *inspector* ou *inspecteur*, parce que ce *spé* ou *inspé* avait en effet une manière d'inspection sur le reste des enfants de chœur. Voir *Explication... des cérémonies de l'église*, par dom Claude de Vert. A Paris, chez Florentin Delaulne, M. DCCIX. — XIII; in-8°, t. II, remarques sur le chap. II, p. 305. *Dictionnaire... de plain-chant et de musique d'église*, par M. J. d'Ortigue. Paris, Migne, 1853, in-4°, col. 1389-1390, art. *Spe*; et le *Moniteur universel*, n° du 8 janvier 1854, p. 30, col. 4 et 5 du feuilleton. »

Ce mot, F. Michel aurait dû l'écrire *lincepré* et y reconnaître la déformation artificielle de *prince*[2]. Cette erreur est un exemple du danger qu'il y aurait à appliquer à l'argot une méthode unique.

et les formes hypothétiques auxquelles nous serons amenés d'un astérisque (*). Les mots marqués d'une croix pourront être rencontrés ailleurs, mais nous les avons toujours *entendus*.

[1] L'orthographe adoptée généralement est *linvé*. Il s'agit ici de mettre en lumière des procédés artificiels : aussi garderons-nous la forme du radical disloqué et donnerons-nous *toujours* aux suffixes un aspect orthographique uniforme.

[2] M. Ascoli (*Studj critici*, art. *Gerghi*) avait déjà signalé l'erreur de F. Michel. Mais il interprète *linspré* faussement lorsqu'il dit « in cui si pronuncia invertitamente *le ns-pre* a vece di *le pre-ns* ». L'article *le* n'a rien à voir dans cette formation artificielle. C'est pour l'avoir méconnue que F. Michel a écrit *lorgne-b* (borgne) au lieu de *lorgnebé* (cf. *lorcefé*) et M. Ascoli l'a suivi dans cette erreur.

Ici c'est la méthode historique qui seule a été employée. Ailleurs ce sera la méthode d'interprétation par métaphores, dont le point de départ est vicieux. De la méthode historique nul ne peut se passer; mais il faut qu'elle soit doublée d'une méthode d'interprétation linguistique.

Le procédé du *loucherbème*, considéré historiquement, ne paraît pas récent. La formation *lorcefé* pour la Force, prison de Paris, se trouve dans le *Jargon de l'argot réformé* d'Ol. Chéreau. Elle ne date sans doute pas de la première édition de cet opuscule : mais on n'aura de notions précises sur la chronologie de l'argot que lorsqu'on aura suivi et collationné les diverses éditions successives du *Jargon de l'argot réformé*. C'est en effet à cet opuscule qu'il faut rattacher toutes les publications sur l'argot depuis le début du XVIIe siècle jusqu'aux *Voleurs* de Vidocq. Il a eu une très grande popularité; dès son apparition il a servi au colportage. Le petit livre de Pechon de Ruby présente aussi l'aspect spécial des livres populaires. Le «docteur Fourette» raconte ses tours comme un crieur de thériaque; pendant la guerre de Trente ans le Simplicissimus de Grimmelshausen exposera, lui aussi, l'organisation des *Merode-Brüder;* le tout au grand bénéfice des foires de Francfort et ailleurs, ainsi que des merciers porteballes et colporteurs. Peut-être est-ce dans le colportage qu'il faut voir la véritable cause de l'alliance qu'établissent ces petits livres entre le langage des merciers et l'argot : ce ne serait qu'un *boniment* destiné à faire vendre la plaquette. Les maisons de Troyes, centre du colportage, se sont emparées du *Jargon de l'argot* et de la *Vie des Marcelots*. Ces livres ont été refondus plusieurs fois. C'est à ces modifications en vue du colportage qu'il faut rapporter des contradictions du genre suivant. Nous avons sous les yeux une édition du *Jargon* (Bibl. Mazarine, 46071, citée au catal. Nodier, 1844, p. 33, n° 197). Elle a été imprimée à Troyes par Jacques Oudot. Le texte du petit ouvrage commence par mentionner le nom d'Anne de Montmorency, gouverneur du Languedoc (trois fois gouverneur de 1525 à 1559), et se termine par un poème argotique en l'honneur de la prise de la Rochelle (28 octobre 1628). La dernière partie a donc été écrite vers 1629. Mais Jacques Oudot, succédant à une dynastie de six autres Oudot dans la ville de Troyes, a imprimé de 1686 à 1711. Il faut donc reporter la recomposition du livre vers 1629 et son impression entre 1686 et 1711. Il avait été imprimé en 1660 à Troyes par Yves Girardin; plus tard, en 1728, il y sera republié. Baudot l'édite, toujours à Troyes; Jean Oudot le reprend en 1750 (Troyes, in-18). La maison Pellerin, d'Épinal, le réédite en 1836. Enfin vers 1840 la maison de colportage Le Bailly le fait refondre par Halbert, d'Angers. Il est aujourd'hui dans le commerce du colportage.

C'est à des éditions successives *sans date* (règle de colportage) qu'il faut attribuer les écarts que nous avons signalés.

L'influence de cet opuscule a été si grande que tous les vocabulaires d'argot en dérivent. Nous ne savons où M. Vitu a vu que «le dictionnaire donné par Granval en 1725 à la suite de son poème de Cartouche s'éloigne notablement de l'*argot* d'Ollivier Chereau». Nous avons sous les yeux l'édition de 1725 et celle de 1740. La légende qui attribuait à Cartouche lui-même ce vocabulaire, soi-disant dicté dans sa prison, doit désormais disparaître[1]. Il est emprunté à une édition du *Jargon* : il ne contient, en dehors des mots du *Jargon*, que deux ou trois termes qui font partie de l'histoire de Cartouche, comme *dardant* (l'amour).

> Icicaille est le théâtre
> Du petit Dardant.

On trouve dans le vocabulaire de Granval la fausse distinction établie entre *paquelin* (enfer) et *pasquelin* (pays). C'est la preuve de l'emprunt fait à une édition du *Jargon*. Un éditeur, collationnant son vocabulaire sur le texte, a trouvé parmi les phrases argotiques : «Le glier t'entrolle en *son pacquelin*, c'est le diable t'emporte en enfer.» La traduction littérale est «*dans son pays*». L'éditeur a suppléé d'abord *son* (édit. Jacques Oudot) et a traduit «t'emporte en *son enfer*». Puis il a donné dans le vocabulaire *paquelin* (enfer) et *pasquelin* (pays). Les erreurs de ce genre trahissent les emprunts. Vidocq en imprimant *bilou* a reproduit la faute d'impression d'une édition du *Jargon*. Dans l'édition de Jacques Oudot on lit *bijou* : le sens est celui des *Bijoux indiscrets* de Diderot[2]. La confusion s'explique par *biiou* (cf. plus loin *ses lis* et *ses iis*). On trouve aussi dans les *Voleurs* «ficher : *bâiller*». Le *Jargon* contient effectivement «ficher : *bâiller*», mais avec le sens de donner. L'auteur des *Voleurs de Vidocq* trahit, là encore, la source à laquelle il puise et dont il a d'ailleurs fort honnêtement donné le titre.

De ces quelques observations résulte l'intérêt considérable qu'il y aurait à faire une histoire du *Jargon de l'argot réformé*. Revenons maintenant aux exemples du langage artificiel recueillis dans cet opuscule.

Un des points importants dans l'étude du *loucherbème*, c'est la

[1] Cartouche ne fut visité dans sa prison que par les comédiens Le Grand et de Moligny; ce qui causa une information contre le Lieutenant Criminel. La seule mention d'argot que contiennent les dépositions relatives à cette affaire est dans celle de Moligny. Le Grand et Moligny «virent Cartouche estendu sur un matelas, attaché aux pieds, aux mains et au milieu du corps; Le Grand luy dit quelques mots d'argot et redescendirent». (Arch. nat., Parlement. Criminel. X^{2b} 1352.)

[2] L'argot contemporain emploie encore † *bijou*.

fixation des formes artificielles. *Fou* donne *loufoque*, puis *louffe* et reste fixé sous cette dernière forme. *Linvé* perd l'*é* accentué et devient †*linve*. †*Larantequé* (quarante) laisse tomber la finale *qué* et se change en †*larante*. Un *larante*, c'est une pièce de 2 francs. Munis de cette indication, nous trouverons un plus grand nombre de formations de ce genre dans l'argot ancien. *Lorgne* pour *borgne* suppose une forme artificielle **lorgnebé*. *Lanterne* (fenêtre. *J. de l'argot réf.*) pour *vanterne* suppose **lanternevé*. *Lousse* (gendarme. *J. de l'argot réf.*) doit s'interpréter par *pousse*, de même signification, que l'on trouve dans le même vocabulaire et suppose **loussepé*. *Largue* (femme) s'explique par *marque* (Villon. *J. de l'arg.*). On a eu **larquemé*; puis la finale *mé* est tombée. Le vocabulaire de Halbert d'Angers donne « *larque* ou *largue* ».

Ces explications sont un premier exemple de la méthode que nous avons adoptée. Nous avons constaté des faits expérimentaux : l'existence d'un procédé artificiel, le *loucherbème*, et la chute des finales en *é*, *qué*, etc. Après avoir établi ces observations, nous remarquons l'existence, dans l'argot ancien, du même procédé (*lorcefé*, *lincepré*); nous trouvons côte à côte dans les vocabulaires *lorgne* et *borgne*, *lanterne* et *vanterne*, *lousse* et *pousse;* l'explication de ces doublets artificiels résulte de la loi phonique que nous avons constatée expérimentalement.

En définitive, ce procédé artificiel, séparé de l'adjonction du suffixe et si l'on ne considère que le mot disloqué, n'est qu'un anagramme d'une nature spéciale. Des méthodes analogues ont existé dès l'origine apparente de l'argot. Dans la *Vie généreuse des mattois, gueux et boemiens* de Pechon de Ruby on trouve au vocabulaire : chambrière, *limogere;* valet, *miloger*. Il est difficile, actuellement du moins, de dire quel est de ces deux mots celui qui n'a pas subi de défiguration. Dans tous les cas il y a eu permutation entre *m* et *l*[1]. Olivier Chéreau, dans le *Jargon de l'argot réformé*, signale *limogere* comme ayant été remplacé, à la suite de la publication de la plaquette de Pechon de Ruby, par *cambrouse*. Il donne ensuite deux mots qui ont remplacé l'expression *volant* (manteau) divulguée par Pechon de Ruby. Ces mots sont *tabar* et *tabarin*. Or il est facile de voir que *tabar* est l'anagramme com-

[1] M. Ascoli signale avec raison (*Studj critici*) cette méthode « per invertimenti di sillabe o di lettere » employée aussi dans la *germania* ou langue fourbesque d'Espagne. Voir Pott (*Zigeuner*, II, 18), Clemencin (édit. de Don Quichotte, Madrid). *Limogère* et *miloger*, *zerver* et *verser* sont des formations correspondant exactement à *toba* et *bota*, *lepar* et *pelar*, *taplo* et *plato*, *chepo* et *pecho*. M. Ascoli compare judicieusement « *demias* per lo spagnolo *medias* (*calzei*) ». L'argot espagnol contenant beaucoup de bohémien (V. Borrow, *The Zincali*), peut-être peut-on voir, dans ce procédé anagrammatique, une influence bohémienne. Les Thugs (*Journ. asiat.*, octobre 1837) l'employaient également.

plet du mot *rabat*, qui s'employait également pour «manteau» au xve siècle. L'indication d'Ol. Chéreau sur ce point n'est pas absolument exacte. *Tabar* n'est pas un mot nouveau; c'est un doublet artificiel qui existait dès le temps de Villon :

Item au Loup et à Chollet
Je laisse à la foys un canart,
Prins sous les murs, comme on souloit,
Envers les fossez, sur le tard;
Et à chascun un grand *tabart*[1]
De cordelier, jusques aux pieds,
Busche, charbon et poys au lart.
Et mes housaulx sans avant piedz.

(Pet. Testament, XXIV.)

Tabar, tabarin est formé sur le modèle *navar, navarin.* «Navar» a donné l'anagramme *varan* qu'on reconnaîtra dans *huistres de Varannes, barbillons de Varannes.* L'édition de Jacques Oudot (Troyes) du *Jargon de l'argot* donne l'orthographe *Varane*, beaucoup plus proche de l'anagramme.

Zerver, server (pleurer, crier. — Pechon de Ruby) est la déformation artificielle sur le modèle de *miloger* du mot *verser*, employé dans le même sens (*J. de l'argot réf.*, voc. argot fr.). «Pleurer» se dit aussi «verser des larmes»; *verser*, employé d'une manière absolue, a été changé en *zerver*. Nous verrons fréquemment le sens des mots défigurés se généraliser ainsi.

Si nous remontons encore plus haut dans les textes argotiques, nous trouverons toujours cette méthode de défiguration.

Qu'Ostac n'embroue vostre arrerie
Où accollez sont vos aisnez.

(Jargon de Villon, *Ball.*, V.)

Il faut identifier cet Ostac avec le lieutenant de police de Costa, dont il est question dans le Grand Testament.

Que de Costa et ses gendarmes
Ne lui riblent sa caige-vert.

(Grand Testament, CX.)

Nous avons suivi ainsi un procédé de défiguration jusqu'aux origines écrites de l'argot. Mais, dans les expressions du langage actuellement parlé et que nous avons citées, ce procédé est uni à un second qui consiste à faire suivre les mots disloqués de

[1] Le dérivé *tabarin* fixe l'orthographe dans un autre sens. La variante *tabert* prouve une différence de prononciation entre *a* et *e* fréquente dans les finales aux xve et xvie siècles.

suffixes divers. Parmi ceux-là, nous avons particulièrement remarqué :

ique, *oque*, *uche*, *atte*, *ème*.

Ces suffixes n'appartiennent pas en propre aux mots dont ils forment la désinence; ils sont très mobiles. On dira fort bien †*latronpuche* pour *latronpatte*, †*lemmefoque* pour *lemmefuche*, etc. Cette mobilité des suffixes est un fait remarquable; et la constatation de ce fait aura sur-le-champ son utilité. Étant donné un mot ordinaire à déformer, l'argot y voit : 1° une partie immobile (disloquée ou non); 2° une partie mobile. Plus cette partie mobile ressemblera à un élément argotique, plus sa substitution s'opérera aisément. Ainsi « boutique » donnera *boutoque* et *boutanche*. L'argot connaissait déjà un suffixe très mobile *ique* dont il se servait dans les formations artificielles; de là le déplacement qui s'est produit dans « bout*oque* ». Mais « bout*anche* » est l'équivalent de « bout*oque* »; n'y a-t-il pas lieu de voir dans *anche* un suffixe qui s'est également substitué à *ique?* Une comparaison avec d'autres mots pourra nous l'apprendre. La †*préfectance* pour la *préfecture* présente le même groupe, moins le chuintement. *Calancher* (mourir. — Richepin, *Césarine*) rapproché de *caler* qui a la même signification, offre encore ce suffixe. Dès lors nous devons rapprocher de ces mots *brodancher* pour « broder » et *dorancher* pour « dorer »[1]. L'explication métaphorique donnée par F. Michel se réduit à une formation artificielle. Si nous remontons plus haut dans les annales de l'argot, nous retrouverons le suffixe *anche*. Le *Jargon de l'argot réformé* donne *trimancher* et *trimer* (cheminer, marcher), *pictancher* et *picter* (boire). Relevant au passage dans le même vocabulaire la variante *pitancher* (boire), nous pouvons soupçonner l'origine argotique du mot « pit*ance* » qui a gardé le suffixe sans la chuintante. Et enfin peut-être faut-il rapprocher le mot « bom*bance* » de l'expression d'argot militaire « partir en bombe ». Cette locution n'aurait plus dès lors un sens métaphorique, emprunté à l'artillerie : *bombe* serait l'original du doublet artificiel *bombance*. L'incertitude du langage au sujet du mot *tronche* (tête) entré dans les dictionnaires classiques sous la forme *tranche* avec la désignation « populaire » doit nous amener à y voir le suffixe *anche*. On avait voulu expliquer jusqu'à présent le mot *tronche* par le latin *trunca*[2]. L'idée qui était au fond de cette interprétation avait son origine dans le souvenir de cette alliance de mots si fréquente dans les textes, *obtruncare caput*. La *tronche* était ce qu'on *tranche*

[1] M. Ascoli a rapproché ces formes. (*V. Studj critici.*)

[2] Voir Lorédan Larchey, *Dict. de l'argot parisien.* « La *tronche* montre la tête tombant sous le couteau de la guillotine. »

du corps. Victor Hugo admirait l'argot qui séparait ainsi par deux mots distincts la tête morte (*tronche*) et la tête vivante (*sorbonne*). Mais, en réalité, l'argot n'a jamais fait cette distinction; elle est l'œuvre du grand poète. On voit, dans le livre de Pechon de Ruby, les sujets du grand Coësre s'approcher de leur souverain le bonnet à la main, *tronche nue*. Pourquoi une métaphore de cette nature à une époque où la décapitation n'était pas la punition des malfaiteurs? Si les gueux, contemporains de Pechon de Ruby, ont exprimé un supplice par des images de langage, c'est bien certainement la pendaison. Le suffixe *anche* détaché du mot *tronche*, il reste un radical élémentaire *tr*. Nous verrons, par la suite, que les suffixes en argot ont fréquemment réduit les mots à deux lettres, et même à une. C'est un des résultats de l'exagération de leur importance, dans le but de dénaturer le langage. Sans doute il faut voir dans *tronche* le doublet artificiel de *trogne*[1]. Le groupe *ogne* a paru mobile parce qu'il appartient lui-même aux suffixes argotiques.

L'explication de *tronche* était, on le voit, malgré sa rigueur étymologique apparente, une interprétation par métaphore. La substitution d'*anche* à *ogne* a donné au mot une physionomie qui excuse jusqu'à un certain point le sens qu'on lui prêtait. C'est à des faits de ce genre qu'il faut rapporter la tendance à expliquer les mots d'argot par des métaphores. Les suffixes rapportés font naître des images. «Lance*quiner*», que nous avons cité, doit son pittoresque au suffixe *quin*. Nous voyons employer autour de nous cette formation artificielle : dans †*rouquin* pour «roux» elle n'est pas méconnaissable. «Lancequiner» même n'est que le verbe formé sur le substantif †*lancequine* (eau). Jusqu'à présent, en effet, *quin* paraît avoir été affecté plus spécialement à la défiguration des substantifs; *anche*, au contraire, servirait plutôt à déformer les verbes. Le radical *lance* trouvé, il ne faudrait pas y voir une nouvelle métaphore. Le vocabulaire de Pechon de Ruby donne *ance* (eau); sans doute *lance* présente le même phénomène de phonétique syntactique que *lierre* (*hedera*). L'article s'est joint indissolublement au mot. *Frusquin* (habit. *Jargon de l'arg. réf.*) a donné *défrusquiner* (déshabiller); il faut supposer **frusquiner* grâce aux analogies suivantes. *Frusquin* est aujourd'hui †*frusque* qui donne †*frusquer* et *défrusquer*. Ce suffixe *quin* s'est ainsi affaibli. Si nous le séparons de *frusquin*, il reste *frus* : le suffixe *us* sur lequel *quin* s'était greffé est évidemment défiguré; mais il était mobile, car on a les doublets artificiels †*fringue*, **froque*, **fripe*. †*Fringue* a

[1] Le groupe *tr* a donné avec le suff. *anche* le verbe †*troncher*, dont le sens se rapproche de la signification spéciale de *truquer* auquel sans doute il faut le rattacher. *Truquer* était dans le jargon de Pechon de Ruby *trucher*.

donné †*fringuer*[1]. **Froque* résulte de *défroquer* et de *défroque*. **Fripe* est démontré par *fripier* et *friper*. Pour prouver que le sens de *friper* se rapporte bien à *fripe*, il suffira de dire que la relation est la même entre *chiffonner* et *chiffon*. Ainsi le radical élémentaire *fr* a revêtu grâce à ces suffixes *us-quin*[2], *ingue*, *oque*, *ipe*, les apparences les plus variées.

Le suffixe *ipe*, obtenu par cette comparaison, nous donnera une autre série où l'insertion des éléments artificiels est plus curieuse. Nous trouvons le groupe *ipe* dans le mot *chiper* (dér. *chipeur*). Dès lors il faut rapprocher *choper* (dér. *chopeur, chopin*). L'original de ces doublets artificiels nous est sans doute donné dans ce vers du jargon de Villon :

> Incontinent mantheaulx chappez...
>
> (Jargon. *Ball.*, IV.)

Le mot *chapper* (prendre) est probablement le latin *capere*. Ce qu'il y a de particulier, c'est que ce mot a été traité de deux manières différentes par l'argot. Le radical entier étant donné comme immobile, on a ajouté la finale *ard* (*chapard*). Le verbe *chap-ard-er* et l'adjectif *chapardeur* conservent le corps du mot intact. Mais la finale *ape* paraissait également mobile (*taper* et *toper*); l'argot y a substitué *ope* et *ipe* (*chaper, choper, chiper*). Là encore le radical est ramené à un son élémentaire : *t* ou *ch*.

Le doublet artificiel de «choquer» *chiquer* présente le même phénomène. Nous y reviendrons dans la seconde partie de notre étude.

Les observations que nous avons faites nous permettent de revenir maintenant au mot *mouchique* (vilain, laid) rattaché par F. Michel au russe *mujik*. Tout d'abord *mouchique* a en argot un synonyme que F. Michel n'a pas noté : c'est †*moche* ou †*mouche*[3].

[1] *Fringuer*, qui signifie aujourd'hui habiller, avait au XVIe siècle tous les sens du mot *chiffonner*, comme *friper* (v. *infra*). — «Mettez la dame au coin du lict, *fringuez* la toureloura la la.» (Rabelais, *Pantagruel*, t. II, c. 12.) Le Duchat donne en note le dér. *fringoter*. On peut rapprocher *fringant*, dans le sens de galant; peut-être *fripon*.

[2] Cf. *mannequin* sur lequel nous n'insisterons pas dans ce travail. Il faut y reconnaître le mot *mann* dont l'argot se sert en composition : †*grinche-mann* (voleur), †*fauche-mann* (à court d'argent). Le mot *manequin* (Du Cange, *Arca penuria quæ manu gestatur*) est formé sur *mane* (panier d'osier). Rabelais l'emploie dans les deux sens : «petits manequins et animaux bien assortis et dorés avecq les goutieres» (I, c. 53). L'étude de cette question nous entraînerait à examiner l'introduction des mots étrangers et particulièrement allemands, ce qui nous ferait sortir du modeste cadre de notre article. M. Ascoli (*Studj critici*) a constaté l'affaiblissement du sens de *mann*. Cf. *brigmann* de *briquet* (sabre) et en *rothwälsch* : *dickmann* (œuf), *feldmann* (charrue), etc. Une femme peut dire : †«je suis *fauchemann*».

[3] Il est essentiel de séparer ces mots d'une autre série qui se rattache à *remoucher* (regarder, épier). **Moucher* a donné *mouche*, *mouchard*, *moucharder*, etc.

Il est facile dès lors de reconnaître dans *mouchique* un doublet artificiel de *mouche*, formé au moyen du suffixe mobile *ique*. Le verbe †*moucher* (faire mal) nous fera comprendre *mouche* ou *moche*. C'est le mot *mal* transformé; le suffixe *oche* est une des terminaisons les plus franchement argotiques. Au point de vue sémantique, *moche* de la signification *mal* est arrivé au sens de *vilain*, *laid*. C'est une sorte de généralisation que nous trouverons fréquemment dans les mots transformés. La défiguration sert d'élargissement au sens : l'argot est une langue pauvre au point de vue des choses signifiées, extrêmement riche en synonymes. C'est ce qu'on verra dans la suite.

Quant au greffage du suffixe *ique* sur la finale *oche*, déjà suffixe elle-même, c'est un phénomène que nous avons rencontré déjà plus haut dans *frusquin*. L'argot est capricieux : tantôt la défiguration s'opère par substitution de suffixes, tantôt elle en entasse jusqu'à quatre. *Chaper*, *chaparder*, *choper*, nous ont donné un exemple du traitement capricieux que peut subir un mot. Nous avons vu se former presque sous nos yeux d'extraordinaires « cristallisations de suffixes ». *Chique* (chic) a donné « *chiqu*oque* » (*chicoque), « *chiquoqu*and* », « chiquoquand*ard* » (chicocandard). *Rupin* a donné « *rup*ique* », « *rupiqu*and* », « rupiquan*dard* », etc.

Est-ce à ces monosyllabes *moche*, *boche*, qu'il faut rapporter les formes insolites comme †*rigolboche* pour *rigolo?* Le suffixe semble bien être *oche;* le *b* ne peut venir que d'une formation par analogie. On trouve déjà ces syllabes fermées au XVIIIe siècle. Cartouche demande à son geôlier s'il a trouvé bon un *gigotmuche*. Les formations de « loucherbème » ont pu exercer aussi une influence d'analogie. Des mots comme *lemmefuche*, *loirepoque*, suggèrent à coup sûr les syllabes *fuche* et *poque* comme moyens de défiguration. *Boche* a servi à d'autres formations artificielles : †*Alleboche* (Allemand), †*fantaboche* (fantassin), etc. Le mot *boche*, considéré en lui-même, non plus comme suffixe, présente un curieux exemple du groupement de sens différents sous une forme artificielle. Si le mot n'était pas trop didactique, nous pourrions appeler des termes de ce genre *schèmes artificiels*, parce que leur sens de généralité n'est qu'apparent. Ce sont des groupes de lettres qui n'acquièrent une signification précise que par le contexte de la phrase. Ainsi *boche* dans « †*je ne suis pourtant pas une boche* » doit être rattaché à *bête;* dans *tête de boche* (Bruant, Dans la rue) l'expression *tête de bois* nous conduit à interpréter *boche* par *bois*.

Devrons-nous expliquer la formation même de *moche*, *boche*[1],

[1] De même †*kique* pour *cou*. *Couper le kique*, c'est couper le cou. Il est im-

par la loi de l'analogie? Il semble que non, et voici pourquoi : Dans la naissance des termes argotiques, il y a bien un élément spontané dont il est nécessaire de tenir compte. Sans aucun doute les procédés artificiels généraux ont été imposés à des bandes organisées par une élite intellectuelle de malfaiteurs. Mais dans les classes dangereuses il y a, même en dehors de cette élite, des gens plus intelligents que la tourbe inconsciemment entraînée au crime. Ceux-là ont saisi les avantages que leur offraient ces procédés imposés; ils se sont fait des règles artificielles une sorte d'habitude; c'est dans leur bouche que les suffixes argotiques se substituent aux désinences de la langue courante qui paraissent mobiles. *Toper*, *chiper*, *choper*, *boutanche*, *boutoque*, sont des produits spontanés gouvernés par la loi des formations artificielles. Ainsi naîtra le doublet artificiel de *marmite*, †*marmotte*. Dans ce domaine, l'analogie exerce son empire.

Mais ce n'est pas elle qui fait tomber les désinences de *bête*, *mal*. Les finales de ces mots-là n'ont pas une apparence mobile. Il y a eu effort dans la défiguration qui en a fait *boche*, *moche*. Dans ces produits profondément artificiels on reconnaît la trace des mains mystérieuses qui ont toujours dirigé l'argot. De cette élite intellectuelle sont partis le mot d'ordre de l'anagramme, et la transformation de l'anagramme, procédé littéraire, pour en faire un procédé populaire, et l'invention de suffixes ou leur généralisation, et enfin la juxtaposition dans le langage artificiel le plus moderne de l'anagramme transformé et du suffixe. Ce sont là des modifications que n'ont pu apporter ni les malheureux inconscients qui reçoivent les mots tout faits ni la moyenne dont l'intelligence se borne à changer en habitude un système imaginé. Ainsi c'est l'analogie qui, en argot, représente la part de spontanéité[1].

Nous avons déterminé l'existence des suffixes mobiles *oque*, *ate*, *uche*, *ème*, par l'observation de mots artificiels de «loucherbème». Par la comparaison de doublets ou de mots tirés à quatre ou cinq exemplaires comme *frusquin*, nous avons découvert d'autres suffixes dont l'emploi a été courant en argot. On aurait pu établir cette recherche d'une autre manière, toujours en partant de données expérimentales. Nous voyons se former sous nos yeux des doublets artificiels dont le radical n'est pas méconnaissable.

possible de donner ici une liste complète; dans des travaux ultérieurs nous espérons pouvoir classer une riche collection de mots. Cf. encore *Mlle Mucho* pour Mlle Mars.

[1] Cette formule n'est générale qu'en ce qui concerne les transformations artificielles. Le petit nombre de métaphores créées par l'argot est sans doute une production spontanée.

Verre, par exemple, fait *verrasse*[1]; *vin* donne *vinasse*; *bon*, *bonasse*. Il y a là un suffixe *asse* auquel les dictionnaires donnent un sens péjoratif. En effet, il est possible que ces doublets artificiels prennent en passant par le langage populaire une acception en mauvaise part, dernier souvenir de leur basse origine. Mais en argot, le sens du suffixe *asse* est nul. On le reconnaîtra facilement par le mot *limace*[2] (chemise. Bruant. Dans la rue), doublet du mot *lime*, employé au XVIe siècle dans le même sens (Pechon de Ruby, Rabelais). La forme de ce mot pourrait faire croire encore à une métaphore : elle n'est devenue pittoresque que par l'adjonction mécanique d'un suffixe. *Birbe* (vieux) a donné †*birbasse* (dér. *birbasson*)[3]. Il sera facile de reconnaître le suffixe *asse* dans *caillasse* (caillou), *paillasse* (paille), *mélasse* (miel). Si quelques-uns de ces mots ont pris un sens spécial ou péjoratif en passant par le langage populaire, on peut affirmer après un examen des formes semblables qui se constituent sous nos yeux, qu'il y a eu à l'origine équivalence complète entre les doublets. *Trogne*, qui a donné †*trognon* (tête), a dû donner **trognasse* (figure). Il est resté en effet le mot †*gnasse* dont le sens est équivalent à **trognasse*. La chute d'une partie du radical s'est produite de même dans †*troquet* pour *mastroquet*[4].

Un autre élément de défiguration, dont l'argot se sert volontiers encore aujourd'hui, est le suffixe *go* ou *got*. Exemple : *Parisien* et †*Parigot*; *sergent* et †*sergot*; *mendiant* et †*mendigot*; *Saint-Lazare* et †*Saint-Lago*; *Sainte-Pélagie* et †*Sainte-Pélago*. Le procédé général consiste à couper le mot et à ajouter *go*. Parfois cependant on ajoute purement et simplement *go* : *ici* et †*icigo*; *là*, *là-bas* et †*lago*, †*labasgo*; *gi* (oui) et †*gigo*.

De ces observations résultent plusieurs étymologies. Le mot *mégot*, d'abord, grâce à un doublet recueilli †*mèchego*, a une explication simple. *Mèche*[5] en argot signifie *demi*. On a dit d'un cigare à moitié fumé un *demi*, un *mèche*, un *mèchego*, comme on dit un *demi* en parlant d'un demi-setier[6]. Le mot *magot* (singe, figurine) doit être distingué du mot *magot* (*magauld*, bourse, somme) dont l'origine est un terme bas-latin. Sans doute nous avons là *mannego* comme *mannequin*; la même chute s'est produite

[1] Cf. Rabel., II, c. 13, «trois *verrassées* de caillebottes».

[2] On trouve déjà *limace* dans Grandval. (*Le Vice puni*, 1725.)

[3] Cf. *canaçon* (cheval), qui suppose **cagnasse* de *cagne*. (Voir l'étym. de Delvau.)

[4] Cf. et voir plus bas *Marguerite-Margot-goton* (suff. *got*).

[5] C'est l'italien *mezzo*. De plus, *mèche* correspond exactement au latin *medius* qui a donné *moyen*. Cf. 1° *deux plombes et mèche*, deux heures et demie; 2° il n'y a pas *mèche*, il n'y a pas *moyen*.

[6] Cf. «un demi de vieux». — *Bruant*. Dans la rue.

que dans *mégot*, doublet de *mèchego*. M. F. Bonnardot nous a suggéré le rapprochement du nom propre *Ménégaud*. La finale aurait pris une autre forme orthographique comme dans *nigaud* (ni-got) pour *nyais* (cf. Villon) mot employé au XVe et au XVIe siècle dans le sens de *nigaud*. A la simple inspection du verbe *ligotter*, nous avons supposé **ligot* pour *lien*. Ce mot, hypothétique *a priori*, existe dans le vocabulaire de Pechon de Ruby avec le sens spécial de *jarretières; lien* a donné à la même époque un autre doublet argotique : c'est *lyettes* (les aiguillettes). *Gogo* (rire, boire à gogo) s'interprète par *gosier*[1]. Enfin on peut hasarder une explication du mot « argot » fondée sur la même méthode. Elle a sur les explications les plus récentes l'avantage d'être appuyée sur une méthode. Comme l'a reconnu M. Vitu (*Jargon au XVe siècle*), le terme argot s'est appliqué à la confrérie des gueux avant de désigner leur langage. « Qu'aucun mion ne soit passé du serment qu'au préalable il n'ait esté reconnu affectionner l'argot ni estre frolleux » (*Jargon de l'argot réformé*). Or la cour des Miracles était divisée en quatre sections : *Égypte, Boëme, Argot, Galilée*. Le rapprochement de ces noms de pays orientaux suggère l'explication d'*Argot* par *Arabie*. Le mot n'est pas autrement fait que *Saint-Lago* pour *Saint-Lazare*[2] ou †*Italgo* pour *Italien*. De l'adjectif arabe *arby* nos zouaves ont fait *Arbico*.

La considération des suffixes argotiques nous a amenés à une correction dans le texte de Villon. Aujourd'hui on dit †*loimique* (moi), †*loitrique* ou †*loitrème* (toi), etc. Vidocq (1837) donne *mèzigue*, *sézigue*, *mézigo*, etc. Cartouche dit : *Vouziergue trouvaille bonorgue ce gigotmuche* (Vous trouvez bon ce gigot). De ces faits se dégage l'observation que le pronom personnel en argot a été revêtu d'un suffixe. Dans l'édition de la fin du XVIIIe siècle du *Jargon de l'argot réformé*, réimprimée par Techener, on trouve : *mezière* (moi), *nozière* (nous), *seizière*, *sezingand* (lui), *tezière*, *tezingand* (toi), *vouzailles*, *vozières* (vous). L'édition Jacques Oudot (Troyes, composée vers 1629) donne les mêmes formes. Le vocabulaire de Pechon de Ruby (1596) contient les formations : luy-mesmes *ses lis* (pour *ses iis*), moy-mesmes (*meziis*), toy-mesmes (*tezis*), nous (*nozis*).

Parmi les modifications signalées par Ol. Chéreau se trouve

[1] Cf. *boire à plein guogo* (Rabel. Pantagruel) et les doublets *gogaille* et *goguette*. Dans une étude sur le mot *go* on pourra montrer la relation sémantique qui existe entre *gogo* (gosier) et *gogo* (jobard).

[2] On voit qu'avec certains suffixes, *go* par exemple, le mot est tronqué. Il n'est pas nécessaire de supposer toujours que cette défiguration est un résultat de l'influence du suffixe. L'argot défigure souvent les mots par l'abréviation. Ex. : *achar* (acharnement), *autor* (autorité), *bénef* (bénéfice), *comme* (commerce), *dauffe* (dauphin), *es* (escroc), †*diam* (diamant), †*magne* (manière), †*pardesse* (pardessus), †*condice* (condition), †*occase* (occasion), etc.

celle-ci : « premierement on disait toi *tonnant;* à présent c'est *tezière* ou *tezingand* ». Dans la dernière phrase du petit livre de Pechon de Ruby on lit : « . . . . . à sonen et tesis et mesis, etc. ».

Examinons maintenant les vers de Villon :

« Et babignez toujours *aux ys*
Des sires pour les desbouser . . . . .
Et que *vos emps* n'en aient du pis . . . . .
(*Ball.*, I.)

Men ys vous chante que gardez
Que n'y laissez et corps et pel . . . . .
(*Ball.*, II.)

Voz ans n'en soient rouppieux . . . . .
Et autour de *vos ys* lurie.
(*Ball.*, V.)

Voz ens soient assez hardis.
(*Ball.*, VI.)

Du mot *meziis* (Pech. de Ruby) naît immédiatement la correction *mezys* au lieu de *menys*. La confusion de *z* et d'*n* est fort probable en paléographie et en impression du XVe siècle. On devra lire *vozis* comme le *nozis* de Pech. de Ruby. La séparation du suffixe *ys* dans « aux ys des sires » n'a rien de plus surprenant que les formes modernes *la lampagne du can* (campagne. Richepin. *Ch. des Gueux*), † *lanette du ca* (canette), † *latron du pa* (patron), etc. L'accord au pluriel dans « *Voz ans* n'en soient rouppieux » est suivi par Pech. de Ruby : « Le grand Coesre me monstre comme ensuit : *Vosis attriment* au tripeligourt? Je respons : Gis, etc. ».

Il ne faut donc pas chercher à expliquer *ys* comme MM. Vitu et Schöne, l'un par *huis* (porte) ou *issa* (corde), l'autre par *whistle* (sifflet, voix). C'est un simple suffixe argotique. Tout au plus peut-on dire qu'on se trouve peut-être en présence d'un suffixe qui a gardé une trace de conscience, comme la finale *ment* des adverbes. Nous sommes heureux d'être, pour cette correction, d'accord avec M. Bijvanck, auteur d'une savante édition du *Petit Testament* de Villon. Par une méthode toute différente, et en considérant l'usage d'*ipse, es, is* dans les textes du XVe siècle ainsi que quelques locutions des farces (*menimes, menigues*, etc.), M. Bijvanck est arrivé au même résultat. Peut-être faut-il reconnaître *ys* dans la première ballade du ms. de Stockholm :

Plantez *vos histz* jusques elles rappasse.
(Lecture de M. Vitu.)

M. Bijvanck a collationné le ms. de Stockholm et lit « *hisez* ». Ces ballades ayant été dictées, on peut corriger :

Plantez *vozys* jusques elles rappasse.

et traduire : « Cachez-vous, » etc. Le mot *planter* est devenu †*planquer*. (Voir plus loin *paquelin* et *patelin*.)

On pourrait étudier l'argot en classant les mots par suffixes, c'est-à-dire d'une manière rétrograde. C'est un point de vue utile pour faire connaître la richesse d'une langue. Dans l'étude du langage spontané, ce n'est pas un classement artificiel : les suffixes ont une valeur pour le sens; ils indiquent telle nuance de la pensée, telle fonction du vocable. Ici le suffixe n'a point de valeur pour le sens; c'est un élément de déformation. Un mot ordinaire se compose de deux éléments : *racine* et *suffixe*; c'est un mot spontané (*dor-er*). Un mot argotique se compose de trois parties : *racine*, *élément* ou *éléments de défiguration*, *suffixe* (*dor-anch-er*). Ce que nous avons appelé *suffixe* est proprement un élément de déformation sans valeur sémantique. Un problème des plus intéressants serait de rechercher l'origine de tous ces suffixes argotiques. On en trouverait peu, sans doute, d'inventés de toutes pièces; ils sont presque tous empruntés. Mais, avant d'être ainsi employés, ils avaient un sens : et ce serait un beau chapitre pour l'histoire de l'analogie dans les langues d'étudier l'invasion croissante de ces éléments de la parole dont la conscience s'est retirée.

Le classement par suffixes serait donc artificiel : mais la méthode ne serait pas fausse, car elle s'applique à une langue artificielle. Néanmoins le point de vue sémantique nous a paru beaucoup plus fécond pour seconder les recherches. On verra d'ailleurs que les deux méthodes se rencontrent et se pénètrent sur bien des points.

Dans la recherche des lois de formation artificielle, nous sommes partis des faits observés et nous nous sommes élevés aux principes généraux par un procédé inductif. Dans l'étude des transformations sémantiques de l'argot, nous ferons appel à un autre principe des sciences expérimentales, au raisonnement par analogie. Nous verrons ainsi que même l'étude des produits de la raison humaine, en tant qu'ils contiennent de la raison, peut être abordée autrement que par la méthode déductive.

II

Lorsqu'on entend parler l'argot, on s'aperçoit rapidement que le nombre de termes défigurés n'est guère plus grand que celui des mots de la langue courante. Cependant on ne comprend pas plus ces derniers que les premiers. Ils paraissent être employés tout à fait en dehors de leur signification habituelle. Des mots comme *chiquer* (battre ou tromper), *taupe* (femme), *linge* (joueur de bonneteau) semblent ou des métaphores immédiates, ou le résultat de conventions établies : deux points de vue qui seraient aussi faux l'un que l'autre. Le langage de l'argot est évidemment borné à un certain nombre d'objets concrets et à une quantité restreinte de notions abstraites. D'autre part, une nécessité fort impérieuse le contraint à modifier continuellement ses termes, afin qu'on ne puisse les comprendre. Des métaphores *immédiates* sont, comme nous l'avons dit, des images du langage destinées à le rendre intelligible; il n'en est pas de même des métaphores *dérivées*. Un mot, une fois formé, représente une idée par l'assemblage même des sons et les associations qui s'y rattachent. La plupart du temps, c'est à des formations artificielles qu'il faut rattacher les métaphores. D'autre part, on ne saurait s'expliquer la transmission d'un mot d'ordre, appliqué à chaque mot, une série de circulaires fixant de nouvelles conventions dans le langage des classes dangereuses. Mais la nécessité des modifications et leur limitation sémantique à peu d'objets ou de notions a déterminé une direction donnée dans les dérivations argotiques. La langue de l'argot est pauvre d'idées, riche de synonymes. Les files de mots sont, pour ainsi dire, parallèles et procèdent d'une *dérivation synonymique*. La méthode de recherches en argot, au point de vue sémantique, sera donc la *filiation synonymique*.

Ces directions parallèles suivant lesquelles les noms naissent des noms sans s'y rattacher par aucun intermédiaire de verbe ou d'adjectif, nous aurions pu les déterminer *a priori*, puisque nous connaissons presque toutes les conditions de la vie de l'argot. Mais ce n'est pas ainsi que nous sommes arrivés aux idées générales. Chaque mot produit un mot : c'est d'abord un doublet artificiel. Ce doublet produit une métaphore; celle-ci, un synonyme. La métaphore fait jaillir parfois autour d'elle une pluie de synonymes, comme les champignons qui éclatent en projetant une nuée de spores destinés à perpétuer leur espèce. C'est en rassemblant ces graines éparses, en les comparant et en reconnaissant, suivant la loi de l'analogie, leur commune origine que nous avons pu déterminer le procédé de dérivation de l'argot.

Les métaphores élémentaires ne manquent pas d'ailleurs au vocabulaire argotique. Comme toutes les langues primitives, cette langue qui se forme a recours à l'élément verbal. Mais est-ce bien une métaphore que de représenter l'objet par sa qualité la plus apparente? *Endormi* (juge), *empavé* (carrefour), *ligottante* (corde), *palpitant* (cœur), *moussante* (bière), etc., présentent l'élément verbal dans la constitution des substantifs. On peut reconnaître là encore une part de spontanéité dans la création de la langue secrète. En rapprochant *θάλασσα* de *ταράσσω* (troubler), on montre que la *mer* dans les temps préhistoriques était *la troublée*, comme elle est aujourd'hui *la salée*. On reconnaîtra de même dans la série des mots qui signifient *tête* des métaphores très simples qui se rapportent à la forme[1]. *Calebasse* (*Jargon de l'argot réf.*), *coloquinte* (*ibid.*), †*poire* (*loirepoque*), †*couatche* (all. *quetsche*), †*ciboulot* et *ciboulotte* (*ciboule*), †*citronnade* (*citron*), †*pomme*, †*balle*, †*boule*, †*bobine*, †*fiole*, †*cafetière*. (*Trognon* appartient, comme *gnasse*, aux dérivés de *trogne*). Y a-t-il là des métaphores différentes de celle qui a donné au mot *testa* le sens de *tête?* La métaphore joue ainsi un rôle dans l'argot; mais elle ne paraît pas y avoir un rôle plus grand que dans les autres langues, rapportées à leur origine.

Revenons aux séries parallèles dont il était question plus haut. L'argot connaît deux procédés : la défiguration artificielle et le synonyme. De là deux filiations, chacune se rapportant à un des doublets artificiels. Le mot *marmite*[2] (femme) défiguré au point de vue morphologique donne †*marmotte*. Le suffixe *ite* a cédé la place à *ote*. Le nouveau sens obtenu n'a certainement pas été défavorable à cette transformation. *Marmotte* représentant une nouvelle idée donne par dérivation synonymique †*taupe*. Dans la série parallèle, *marmite*, considéré au point de vue métaphorique, donne par dérivation synonymique †*poêlon* et †*casserole*[3]. *Bonneteau* ne donne qu'une série. Par défiguration artificielle (abréviation, v. page 46, note 2) on a †*bonnet*. L'idée de *bonnet* fait naître †*bonneterie*; puis, par dérivation synonymique †*lingerie*. Enfin, des joueurs de bonneteau sont des †*linges*. Les *yeux* ont donné naissance à une métaphore élémentaire (voir plus haut, *tête*); c'est le mot †*billes*; par dérivation synonymique on a †*calots*. *Toqué* (fou) donne une abréviation redoublée, allusion au sens propre du mot (voir plus loin *chiquer*), c'est †*toc-toc*[4]; une dérivation synonymique *par onomatopée* donne †*pan-pan*. « *Saint-Esprit*, protégez-nous! » devient « †*Sainte-Essence*, protégez-nous! »

Ce procédé de l'argot laisse persister des équivoques pendant plusieurs siècles. M. Vitu, dans le *Jargon au XVe siècle*, a établi

[1] M. Lorédan Larchey a dit à ce sujet des choses fort judicieuses (*Dict. de l'arg. paris.*).

[2] Il est fort probable que ce mot n'est nullement une métaphore. Il faut sans doute y voir le suffixe *mite* et rapporter le radical à la série *mar-lou mar-paut* (Lasphrise), *mar-quise* (Pech. de Ruby), *mar-que* (Villon), etc.

[3] *Casserole* avec le sens de *dénonciatrice* fait partie d'une autre série. La dérivation synonymique amène forcément de ces rencontres. Au point de vue sémantique, le mot présente le même phénomène de fausse généralisation que *boche*, par exemple, ou *mouche* (*mal* et *mouchard*). — La défiguration par suffixes et la dérivation synonymique donnent naissance à des schèmes artificiels.

[4] Voir *chiquer*. *Toqué* est synonyme de *fêlé* (*toquer*, frapper); — ce n'est pas *coiffé d'une toque*.

pour *polir*, *nettoyer*, *fourbir*, *brunir*, *sorniller* le double sens de *voler*.

> Pour mieux *polir* et desbouser musars.....
> Là ot ung gueux son endosse *polye*[1].
>
> (Villon, *Ball.*, XI.)

> *Sornillez*-moi ces georgetz si farciz.
>
> (Villon, *Ball.*, VII.)

> .....Et c'est un passe-temps
> De leur voir *nettoyer* un monceau de pistoles.
>
> (La Fontaine, Fables, VIII, 7.)

«On reconnaît ici, dit M. Vitu, la persévérante logique des créateurs du Jargon.» L'œuvre n'appartient pas aux créateurs; elle est de ceux qui les ont suivis. Tout au plus la méthode de dérivation synonymique pourrait-elle avoir été inventée par eux. Mais cette dérivation résulte si nécessairement du peu de choses signifiées par l'argot et de la modification continuelle que lui impose la conservation de son existence, qu'on peut voir plutôt là une loi propre à la langue secrète, une adaptation de ses organes au milieu. Nous allons retrouver le même phénomène dans le mot †*chiquer* et nous pourrons rattacher à ce mot une série rétrograde. *Chiquer*, noté par F. Michel, avec le sens de *battre* a aussi le sens de †*tromper*. Au premier sens nous avons rattaché *chique-naude* dont l'origine était inconnue. Le suffixe *naude* se retrouve dans *baguenaude*, dont l'origine est également inconnue. La voyelle *i* se nasalise au XVIe siècle (Rabelais) devant la gutturale et donne *chinquer*[2]. Nous avons affaire ici à une défiguration artificielle de *choquer*. *Oque*, suffixe mobile, a été remplacé par *ique*. Du *chiqué* (sens *tromper*), c'est du *faux*, du *simulé*. Fait de *chique*, expression propre aux peintres, c'est fait de *faux* (ce qui n'est pas d'après nature). Suivons maintenant l'idée de *tabac* qui domine dans la forme artificielle *chiquer*; elle donnera naissance à deux séries d'expressions parallèles dans les sens *battre* et *tromper*. Dans le sens *battre* on a †*passer au tabac*, †*filer la pipe*. Dans le sens *tromper*, série parallèle : †*tirer une carotte*, puis †*raconter une blague*, enfin (argot militaire) *raconter un tabac*. La preuve que l'idée *tabac* domine dans *chiquer*, c'est une phrase facétieuse qu'on adresse à quelqu'un qui simule : †*tu chiques sans tabac*. Le mot *chir*, beau, peut se rattacher à *chiquer*. On dit d'une belle chose : †*c'est tapé*, †*c'est touché* (voir plus loin *toquer*), on a pu dire

[1] Cf. *polliceur* (Villon), *poliçon* (Jargon de l'Arg. réf.), etc. Le mot *police* s'est appuyé sur ce sens en argot, car il a été traduit par *raclette* (G. Macé, *Un joli monde*).

[2] *Chinquenauldes* (Rabel., I, c. 40, et II, c. 29). Le suffixe *naude* existe aussi dans *gringuenaudes* (Rabel., II, c. 12).

aussi *c'est chiqué* (la chute d'*é* s'est produite dans *linvé* = †*linve*). Modifié de nouveau, à cause de la mobilité du suffixe *ique*, *chique* est revenu à son origine avec le mot †*choque* (beau) qui a donné le dérivé †*de la choquotte* (du beau, du bon). Dans les *Petits mystères de Paris* (Paris, Desloges, 1844), on trouve au tome II : « C'est un tireur *chiqué*, c'est un zic de talent, » etc. Le *Nouveau catéchisme poissard* (Noblet, s. d.) contient l'« Aimable conversation de mam'selle Gotot la *Mal-Chiquée* ». On a donc dit « être bien ou mal chiqué » comme on dit « être bien ou mal *torché* ». *Torcher* signifie « battre ». Il s'est conservé avec ce sens dans l'expression « se donner un *coup de torchon* ». Rabelais (II, c. 29) écrit : « en frappant *torche* lorgne dessus le Géant ». *Calé*, synonyme de *chique*, a la même origine sémantique. *Recaler* est l'équivalent de *retaper*. *Caler*, dans le jeu de billes, signifie *frapper*. Le langage du jeu de billes a conservé de même *toquer* (v. *infrà*) avec le même sens : « *Dern à débute, toquer le preu* ». Le *calot* (bille) est ce qui sert à *caler*. On reconnaîtra *caler* dans *calotte* (soufflet) et dans *taloche*. Ce dernier mot présente le même passage du *c* au *t* que *cocanges* (coquilles de noix. *J. de l'arg. réf.*) devenu *tocanges* dans les *Voleurs* de Vidocq. La désinence *oche* trahit l'origine argotique. *Bat* doit être rattaché à la même série. *Battant* signifie *neuf* (*J. de l'arg. réf.*). L'expression « tout *battant neuf* » a collé ensemble le terme d'argot et sa traduction comme dans « *vieux birbe* ». *Batif* présente *bat* avec le suffixe *iffe* (†*galiffe*, pour gale, etc.); il ne faut pas y voir, comme le veut M. Ascoli, le verbe *bâtir*. *Battant neuf* correspond exactement à *flambant neuf*, où *flambant* signifie *beau*, *superbe*. « Battant » a donc signifié *neuf* et *joli*. *Bat*, formé par apocope, n'a gardé que le second sens. (Cf. *comme*, *autor*, *diam*, etc.)

Battre et *tromper* alternent eux-mêmes. †*Du battu*, c'est *du faux*. †*Battre comtois*, †*battre le job* (jobard), c'est tromper. (Voir F. Michel.)

†*Taper* signifie aussi tromper, dans le sens spécial d'enjôler pour avoir de l'argent. Le radical de *taper* a pu se nasaliser (cf. *laper* et *lamper*). « Se donner un coup de *tampon* » est une locution équivalente à « coup de torchon ». Nous l'avons recueillie abrégée sous la forme « coup de *tan* ».

†*Estamper* signifie à la fois « battre » et « tromper ». Le second sens seul est argotique; le premier appartient à la vieille langue.

L'expression *du toque* pour *du faux* doit sans doute être rattachée à une série semblable. Le mot **toquer*, inusité, doublet de *toucher* signifiait *frapper*, *battre*. La filiation synonymique nous en donne la preuve dans †*retoquer*, synonyme de †*retaper*. **Toquer* ayant eu le double sens de *battre* et *tromper* a laissé *toquante* (montre qui bat) et *du toque* (du faux).

Craque, mensonge; *craquelin*, menteur (*J. de l'arg. réf.*) se rattachent au verbe *craquer* qui sans doute a perdu le sens actif «frapper» comme *crouler* a perdu le sens «abattre» (Rabel., I, 26. Croullans tous les fruits des arbres). En anglais on dit *crack the head*, frapper la tête. La nomenclature des jeux dans Rabelais contient celui de *crocque-teste*. L'explication de Le Duchat (avaler sa tête) est ridicule. Enfin, au jeu de *croquet*, on *croque* une boule comme on *cale* une bille. De *craquer* à *croquer* le passage est le même que de *taper* à *toper*. «*Croquig*nolle» est l'équivalent de *chique*naude.

Aquiger (Pech. de Ruby), frapper, battre, devenu aujourd'hui *attiger*[1] avec le sens plus spécial de «blesser», signifiait aussi «tromper». *Aquigehabin* est celui qui trompe les chiens.

Le mot *tricher*, comparé à *trique* (bâton) suggère un verbe **triquer* dont le sens aurait été *battre* et *tromper*. Nous le trouvons dans *trinquer*, qui dans le sens spécial de *choquer les verres* a gardé la nasalisation, comme *chinquer* (voir *chiquer*). Cette explication paraît préférable à celle qui rapporte *trinquer* à l'allemand *trinken*[2]. Eustache Deschamps (1380 env.; *Ball.* DCCCCXII), écrit *trocher* (*troquer*) pour *trinquer*. Cf. *choquer* et *chinquer*. Les patois du Midi ont conservé *trinca*, *trinqua*, rompre, briser et boire en choquant le verre. *Trincaire*, briseur, casseur. (Boucoiran, *Dict. des idiomes méridionaux de Nice à Bayonne*). M. Ascoli (*Studj crit.*) a constaté les relations d'échange des langues méridionales avec l'argot. *Trima*, trotter, travailler, est l'arg. *trimer* (*trimard*). *S'escagan..*, *s'escagassa de rire*, grimacer, se pâmer de rire, sont des formes voisines de l'arg. *s'esganacer*. Les patois locaux conservent longtemps les mots qui leur arrivent. *Trinquamelle* (Rabel., II, c. 30) doit être rapproché de **triquer*. C'est le toulousain *trinc' amellos*, briseur d'amandes. *Chinquer* (chiquer) s'employait au XVIe siècle dans le sens de *trinquer* (*triquer) (Mém. de Sully. V. Littré). Cette synonymie est une preuve absolue de l'origine de «trinquer». — La série se trouve d'ailleurs vérifiée d'une autre façon, puisque les mots qui la composent se sont remplacés successivement dans le sens spécial de *manger* (choquer des dents). *Chiquer* veut dire manger : *chicot* est une dent (fragment de racine, cf. *chiqueter* et *déchiqueter*). *Croquer* a le même sens. Enfin l'édition de 1836 du *Jargon de l'Argot* (Pellerin, Épinal) donne *triques* avec la signification de *dents*, — ce qui

[1] Le changement de *q* en *t* s'est produit dans †*patelin* (pays) de *paquelin* (Pech. de Ruby); il se fait de nos jours : †*lourritebème* (bourrique), †*laqbé* (bat), etc.

[2] Ce groupe s'affaiblit en *ingue*. Rabelais donne *Lans. tringue !* (*Landsmann, trinke !*) — *Chelinguer* est l'allemand *stinken*.

montre qu'on a eu en argot *choquer* = *chiquer* = *croquer* = **triquer*.

Nous sommes remontés ainsi jusqu'au XVIe siècle. Au moyen de la première méthode inductive, nous avons déterminé l'origine de *chiquer*, né d'une substitution de suffixes. La loi de filiation synonymique, établie par l'analogie, nous a permis de suivre une équivoque pendant trois cents ans et de découvrir des explications nouvelles. Les deux méthodes se pénètrent donc et sont fécondes.

La dérivation synonymique remonte jusqu'au XVe siècle. Dans *georget* (pourpoint. Pech. de Ruby) que nous avons vu plus haut,

Sornillez-moi ces georgetz si farciz.

(Jargon de Villon, *Ball.*, VII.)

on reconnaîtra la traduction argotique du mot de la langue courante *jacque* qui nous a laissé *jaquette*. *Pont-à-Billon* est pour *Pont-au-Change* dans les passages suivants :

Les hoirs du deffunct Pathelin
Qui sçavez jargon jobelin
Capitaine du Pont-à-Billon.

(*Repeües franches.* — Attr. à Villon.)

J'en ay cogneu, qui souvent largement
Donnoyent à tous repeues outre mesure
Qui depuis ont continuellement
Servy le Pont-à-Billon par droicture.

(*Ballade de l'acteur.* — Ibid.)

Ces deux transformations ne diffèrent nullement de celle que nous avons recueillie oralement : *Sainte-Essence* pour *Saint-Esprit*.

Nous avons atteint les origines écrites de l'argot français. La filiation synonymique est valable jusque-là. Nous croyons avoir assez établi la solidité des méthodes que nous avons employées; qu'on nous permette de jeter maintenant sur les résultats un coup d'œil général.

III

Au point de vue de l'histoire de la langue française, ce travail paraît apporter des éclaircissements. Les mots *chiquenaude* [1], *mé-*

[1] Voir *chiquer*.

lasse[1], *peluche*[2], *coqueluche*[3], *baluchon*[4], etc., sont expliqués d'une manière satisfaisante par l'argot. Si la liste de ces mots n'est pas infiniment plus longue, c'est qu'un contrôle historique soigneux est indispensable et que ce contrôle demande bien du temps.

Au point de vue social, nous avons reconnu dans l'argot l'intervention d'une élite intellectuelle. La filiation synonymique nous permet de démasquer ces mystérieux personnages. On sait qu'au XVIe siècle les modifications du langage étaient confiées aux *archi-suppôts*. Voici comment les définit Olivier Chéreau : «En un mot, ce sont les plus sçavants, les plus habiles marpauts de toutime l'Argot, qui sont des escoliers desbauchez et quelques ratichons, de ces coureurs qui enseignent le jargon à rouscailler bigorne, qui ostent, retranchent et reforment l'argot ainsi qu'ils veulent, et ont ainsi puissance de trucher sur le toutime sans ficher floutière.» Une dérivation synonymique rencontrée dans le même opuscule du *Jargon de l'argot réformé* donne *archi-boutant*. Dès lors les archi-suppôts sont les *arcs-boutants* de l'argot. Le *Jargon de l'argot réformé* est l'œuvre d'un «*pilier de boutanche qui maquille en molanche dans la vergne de Tours*» (commis de boutique qui travaille dans la laine à Tours)[5]. *Pilier*, c'est encore le *suppôt*, le *boutant*. Et ceux qui parmi les malfaiteurs sont appelés †*les poteaux* ont reçu la longue tradition du maniement du langage. Dès lors le mot *souteneur* est l'équivalent de *poteau* et ne s'applique pas seulement au ménage privé, mais à l'association tout entière. Ce sont les *poteaux* qui reprennent les mots oubliés pour les lancer de nouveau dans la circulation; ils sont encore les grands maîtres dans l'université de l'argot.

Au point de vue de la méthode appliquée à la linguistique, nous pensons avoir prouvé que celle qui convient à l'argot est la méthode expérimentale. Cette langue a été décomposée et recomposée comme une substance chimique; mais elle n'est pas

[1] Voir le suffixe *asse*.

[2] Doublet artificiel de *peau* (*pel*). Nous avons recueilli : †*C'est comme de la peluche*, doublet de l'expression ironique : «C'est comme de la peau.»

[3] Doublet artificiel de *coq*. «Être la *coqueluche* du pays», c'est «être le *coq* du village». En passant dans le langage populaire, la terminaison a fait croire à un féminin. L'argot dit *un* dabuche (roi. — Pech. de Ruby). L'adjonction de *luche* comme *boche* dans *rigolboche* se retrouve dans †*campluche* (campagne); l'explication de Ménage, d'après laquelle *cucullutus* (encapuchonné) aurait donné à la fois *coqueluche* et *goguelu* n'est pas sérieuse. Le nom de la maladie (coqueluche) confirme notre explication. La toux du malade ressemble au chant du coq.

[4] On doit supposer **baluche* et remonter à la *balle* des merciers. *Embaluchonner* signifie *empaqueter*. (Vocabulaire de l'*Hist. de Cartouche*. — Bernardin-Béchet.)

[5] Ce titre présente un double sens : «un archi-suppôt qui est tire-laine à Tours». *Pilier* s'employait d'une manière absolue, comme *poteau* de nos jours. Voir *Jargon de l'argot réformé* : «Ha, *Pillier*, que gitres [j'itre] esté affuré gourdement!»

inanimée comme des sels ou des métaux. Elle est contrainte de vivre sous des lois spéciales, et les phénomènes que nous constatons en elle sont le résultat de cette contrainte. Les animaux des grands fonds sous-marins recueillis dans les expéditions du *Travailleur* et du *Talisman* sont dépourvus d'yeux; mais sur leur corps se sont développées des taches pigmentaires et phosphorescentes. De même l'argot, dans les bas-fonds où il se meut, a perdu certaines facultés du langage, en a développé d'autres qui lui en tiennent lieu; privé de la lumière du jour, il a produit sous l'influence du milieu qui l'opprime, une phosphorescence à la lueur de laquelle il vit et se reproduit: la *dérivation synonymique*.

www.ingramcontent.com/pod-product-compliance
Ingram Content Group UK Ltd.
Pitfield, Milton Keynes, MK11 3LW, UK
UKHW012311240726
13966UKWH00005B/1787